Las grandes fechas patrias estadounidenses

El Día de la Emancipación

Curtis Duncan

LIGHTBOX
openlightbox.com

LIGHTBOX

Entre a **www.openlightbox.com** e ingrese el código único de este libro.

CÓDIGO DE ACCESO

LBXP3227

Lightbox es una completa solucióndigital para enseñar y aprender temas curriculares de una manera original e innovadora. Lightbox se basa en las Normas Curriculares Nacionales.

OPTIMIZADO PARA

- ✓ TABLETAS
- ✓ PIZARRAS ELECTRÓNICAS
- ✓ COMPUTADORAS
- ✓ ¡Y MUCHO MÁS!

CARACTERÍSTICAS ESTÁNDAR DE LIGHTBOX

- **AUDIO** Narraciones de alta calidad con sistema de texto a voz
- **VIDEOS** Videoclips de alta definición incorporados
- **ACTIVIDADES** PDFs imprimibles que pueden enviarse por correo electrónico y calificarse
- **ENLACES WEB** Enlaces cuidadosamente seleccionados con recursos seguros para niños
- **PRESENTACIÓN EN DIAPOSITIVAS** Ilustraciones gráficas de los conceptos clave
- **MAPAS INTERACTIVOS** Mapas interactivos e imágenes satelitales aéreas
- **CUESTIONARIOS** Diez preguntas de elección multiple con puntaje automático que se envían por correo electrónico al docente para su evaluación
- **PALABRAS CLAVE** Combinación de los conceptos clave con sus definiciones

RECURSOS SUPLEMENTARIOS

- **COMPARTE** Comparte títulos dentro de tu Sistema de Gestión de Aprendizaje (LMS) o Sistema de Circulación de Bibliotecas
- **CURRÍCULO** Encuentre correlaciones curriculares Nacionales y Estatales.
- **CITAS** Crea referencias bibliográficas siguiendo los estilos de APA, CMOS y MLA

VIDEOS

ENLACES WEB

PRESENTACIÓN EN DIAPOSITIVAS

CUESTIONARIOS

ISBN 978-1-5105-5935-6

Las grandes fechas patrias estadounidenses

El Día de la Emancipación

CONTENIDOS

2 Código de acceso a Lightbox
4 ¿Cuándo es el Día de la Emancipación?
6 ¿Qué era la esclavitud en los Estados Unidos?
8 Una fecha importante
10 Las primeras tradiciones
12 Un feriado nacional
14 Cómo se celebra
16 Más tradiciones
18 Celebrando nuestros derechos
20 Haciendo oír nuestra voz
22 Datos sobre el Día de la Emancipación

4

El Día de la Emancipación se celebra el 19 de junio de cada año. Se festeja el fin de la esclavitud en los Estados Unidos.

La primera celebración del Día de la Emancipación se realizó hace más de 150 años.

Cuando algunas personas son dueñas de otras personas, se lo llama esclavitud. En los Estados Unidos, la esclavitud llegó a su fin en 1865.

Cuando terminó la esclavitud en los Estados Unidos, cerca de 4 millones de personas obtuvieron su libertad.

7

former masters and slaves, and the connection heretofore existing between them becomes that between employer and hired labor. The freedmen are advised to remain quietly at
Absolute Eq

El Día de la Emancipación marca una fecha importante de 1865. En esa fecha, los afroamericanos de Galveston, Texas, descubrieron que eran libres.

Los primeros festejos del Día de la Emancipación se realizaron en Galveston.

El primer festejo del Día de la Emancipación se realizó al año siguiente, en 1866. Una de las primeras tradiciones era que la gente usara ropa nueva para mostrar que eran libres.

En 1980, Texas fue el primer estado en declarar al Día de la Emancipación como feriado oficial del estado.

SEAL OF THE PRESIDENT OF THE UNITED STATES

Con el paso del tiempo, muchos otros estados de EE.UU. comenzaron a celebrar el Día de la Emancipación. En 2021, se convirtió en feriado nacional. Ahora, el Día de la Emancipación se celebra en todo el país.

Antes de 2021, 47 estados y el Distrito de Columbia ya celebraban el Día de la Emancipación como un feriado estatal.

El Día de la Emancipación se celebra de diferentes formas. Puede ser con servicios religiosos o discursos. También se puede ir a eventos a aprender sobre la historia afroamericana.

COMMUNITY
BUILD
New Beginnings, New Leadership
JUNE
TEENTH
Celebrate Freedom
June 19
RSSLA

YAMAHA MOTIF

Muchos organizan reuniones familiares para celebrar el Día de la Emancipación. Actualmente, esta fecha se festeja con desfiles, pícnics, festivales, canciones y bailes.

Una de las bebidas más populares del Día de la Emancipación es la gaseosa de frutilla.

En el Día de la Emancipación, también se celebran las libertades que comparte el pueblo estadounidense. Muchos afroamericanos tuvieron que luchar por esas libertades desde que finalizó la esclavitud.

HOPE

Equ

Hoy, el Día de la Emancipación también es un día para hablar sobre las desigualdades en los Estados Unidos.

DATOS SOBRE EL DÍA DE LA EMANCIPACIÓN

Estas páginas ofrecen información detallada sobre los interesantes datos de este libro. Están dirigidas a los adultos, como soporte, para que ayuden a los jóvenes lectores a redondear sus conocimientos sobre cada festividad presentada en la serie *Las grandes fechas patrias estadounidenses*.

Páginas 4–5

El Día de la Emancipación se celebra el 19 de junio de cada año. Este día, también conocido como Día Nacional de la Independencia *Juneteenth*, conmemora el fin de la esclavitud. Es la celebración de la emancipación más antigua que se festeja a nivel nacional. Para muchos estadounidenses, también representa la liberación de la opresión en general.

Páginas 6–7

Cuando algunas personas son dueñas de otras personas, se lo llama esclavitud. El presidente Lincoln firmó la Proclamación de Emancipación el 1 de enero de 1863. Proclamó la liberación de todos los esclavos de los Estados Confederados. La esclavitud en todo el país llegó a su fin con la ratificación de la Decimotercera Enmienda de la Constitución, el 6 de diciembre de 1865.

Páginas 8–9

El Día de la Emancipación es una fecha importante de 1865. La noticia de la emancipación tardó en llegar a los estados controlados por la Unión. Tardó dos años en llegar a Texas. El 19 de junio de 1865, el General Gordon Granger y sus soldados de la Unión llegaron a Galveston, Texas. Allí, anunciaron el fin de la Guerra Civil y la liberación de todos los esclavos.

Páginas 10–11

El primer festejo del Día de la Emancipación se realizó al año siguiente, en 1866. En sus comienzos, el Día de la Emancipación se celebrara realizando reuniones para rezar y cantar himnos. Muchas de estas tradiciones continúan hoy en día. La vestimenta se ha convertido en un elemento importante para quienes festejan el Día de la Emancipación porque, en los comienzos, la gente lo celebraba usando ropa nueva para mostrar su libertad.

Páginas 12–13

Con el paso del tiempo, muchos otros estados de EE.UU. comenzaron a celebrar el Día de la Emancipación. Las comunidades afroamericanas fuera de Texas empezaron a celebrar el Día de la Emancipación en el 1800. Con el tiempo, los festejos se diseminaron. En 2021, se lo declaró feriado nacional. El Día de la Emancipación fue el primer feriado nacional nuevo que se instauró desde el Día de Martin Luther King, Jr., declarado feriado nacional en 1983.

Páginas 14–15

El Día de la Emancipación se celebra de diferentes formas. Uno de los festejos más grandes del Día de la Emancipación se realizó en Tulsa, Oklahoma. Comenzó el 16 de junio de 2022 y duró tres días. Al evento asistieron más de 50 000 personas. En los desfiles y festejos de otras ciudades, como Filadelfia y Pensilvania, también han participado miles de personas.

Páginas 16–17

Muchos organizan reuniones familiares para celebrar el Día de la Emancipación. En las primeras celebraciones del Día de la Emancipación, los festejos se solían realizar en zonas rurales, cerca de arroyos y ríos. En estos lugares, se podía celebrar con montas de caballos, rodeos, pesca y barbacoas. Hoy, se festeja tanto en las zonas rurales como en las ciudades.

Páginas 18–19

En el Día de la Emancipación, también se celebran las libertades que comparte el pueblo estadounidense. Muchos estadounidenses usan el Día de la Emancipación para recordar los derechos adquiridos por las generaciones anteriores y la forma en que ha progresado la sociedad. Es un momento para reflexionar sobre el pasado, pero también para buscar un futuro mejor para las próximas generaciones.

Páginas 20–21

Hoy, el Día de la Emancipación también es un día para hablar sobre las desigualdades en los Estados Unidos. El Día de la Emancipación se ha convertido en una fecha para recordar los derechos por los que muchos estadounidense todavía luchan. Esta festividad es una oportunidad para hablar sobre las desigualdades en nombre de la libertad y la igualdad.

Published by Lightbox Learning Inc.
276 5th Avenue, Suite 704 #917
New York, NY 10001
Website: www.openlightbox.com

Library of Congress Control Number: 2024932987

ISBN 978-1-5105-8620-8 (hardcover)
ISBN 978-1-5105-8621-5 (static multi-user eBook)
ISBN 978-1-5105-8623-9 (interactive multi-user eBook)

072024
112023

Printed in Guangzhou, China
1 2 3 4 5 6 7 8 9 0 28 27 26 25 24

Art Director: Terry Paulhus
Layout: Ana María Vidal
English/Spanish Translation: Translation Services USA

Every reasonable effort has been made to trace ownership and to obtain permission to reprint copyright material. The publisher would be pleased to have any errors or omissions brought to its attention so that they may be corrected in subsequent printings.

The publisher acknowledges Getty Images, Alamy, Newscom, Shutterstock, and Wikimedia as its primary image suppliers for this title.